José Félix Olalla es un poeta y farmacéutico madrileño que cultiva también la crítica y la reseña literaria. Los lectores de Vitruvio le conocen desde que hace 10 años publicara en *Baños del Carmen* su reconocido trabajo *Más amor si más hubiera*.

Franqueo en destino fija el número 17 de sus libros de poesía y completa una fase de producción intensa con títulos como *¿Quién leerá esto? (2019), Letra de vuelta (2021), Acuarela (2022), La trama del cielo (2022)* y *Concatenaciones (2024)*. En prosa acaba de aparecer la obra farmacéutica *A tres bandas*, escrita en colaboración con José Vélez y Carlos Lens.

Según afirma Sánchez-Albornoz, la estructura funcional de los peninsulares estaba ya firmemente acuñada cuando en 711 pusieron pie en Gibraltar los berberiscos de Tariq. Así que, en *Fragmentos de la conquista de España*, la primera parte de este libro, Olalla concede la palabra en exclusiva a los conquistadores islámicos. Le sigue una segunda parte muy distinta, *Cartas recuperadas*, que se relaciona con el título del conjunto. En ella, el poeta apuesta por otra forma de expresividad que resulta bien genuina y que se desgrana en poemas emotivos, en la linde de la transcendencia.

Franqueo en destino
José Félix Olalla

Colección Baños del Carmen

José Félix Olalla

Franqueo en destino

EDICIONES VITRUVIO
Colección Baños del Carmen,
nº 1018

www.edicionesvitruvio.com

Primera edición, 2024

© José Félix Olalla

© Ediciones Vitruvio
C/ Menorca, nº 44
28009
Madrid
Tlf: 91 573 21 86

ISBN: 978-84-128946-5-3
Depósito legal: M - 20921 - 2024

Franqueo en destino

Fragmentos de la conquista de España

... los resultados decisivos que los contactos pugnaces y pacíficos de España y del islam habían producido en el hacer de nuestra patria común.
Claudio Sánchez Albornoz

Hoy empezamos a ver con claridad la importancia que tenía el bilingüismo en la España musulmana y la esfera reducida a que dentro del país se hallaba confinado el árabe puro.
Emilio García Gómez

TOLEDO ERA UNA JOYA DE LUTO EN LOS POMARES

Eran los meses vecinos de la calavera,
los meses en que la luna enciende los serrallos,
el favorable impulso de los astros fugaces
que someten a Alá la voluntad de los hombres.
Galopan los caballos con las crines bien sueltas,
salvajes y bellos por donde brota el impulso,
entrenados en las artes de la incursión y la aceifa
para obtener la riqueza que a la victoria conduce.
Eran los meses de los ardides cautos
y Toledo, Toledo con sus joyas secretas,
era la meta enlutada sobre la vega del Tajo.

¡Perseguid, perseguid, perseguidlos...
a los habitantes que de la ciudad huyeron
y se llevaron cuanto pudieron con ellos...!

...los cubiertos de plata, los anillos de oro
que el profeta descarta en dedos de varones,
el ópalo y el diamante en el joyel escondido
con los que las mujeres ornamentan su cuerpo,
el cutis nacarado, la flor en la mejilla,
los baños del harén, secretos para el hombre,
la voz privilegiada de las narradoras de cuentos,
y las voces de flauta que entonan melodías.
Además del vino, el vino proscrito y agradable,
el néctar suave que mejora las maneras del dátil,
el vino que acompaña las mieles de la almendra,
vedado a mi pesar
por los sabios ulemas cordobeses.

Así será Toledo, amigos, así lo imaginamos
como morada del islam, con la soberanía
del Comendador de los creyentes, el más elevado

jardín del paraíso, la ajorca de esta tierra,
pues si así lo hemos soñado, así será Toledo,
una joya enterrada entre pomares y olivos.

HA CABALGADO SOLO AL CAER LA TARDE

Ha cabalgado solo hacia el poniente rojo
y se ha detenido en un bosquecillo amable.
Por él conoceremos el tráfico en España,
las torres vigías que se levantaron,
las disposiciones sensatas acordadas
para asegurar el rédito de la conquista.
Pechina era residencia de los yemeníes
junto al río Andarax y su fértil vallejo.
Se convirtió en una ciudad floreciente
que no quiso entrar en la comunidad omeya.
Se baja del caballo y camina seguro
por los senderos vírgenes que se le abren al paso.
Acometerá la rebelión de la marca frontera,
sofocará las injerencias de carácter dinástico.
Conducirá sus tropas en rápidas incursiones;
de un lado obrará así contra los muladíes
y de otro contra los cristianos.
Es un cadí que repite las enseñanzas,
es un súbdito del profeta
que entra el viernes en la mezquita.

Ha dejado el caballo, se ha sentado en el suelo,
y piensa entonces en la estrategia adecuada,
en la fecha propicia para la batalla.
Es además un guerrero altivo,
pero aquí acaba su virtud y su honra
pues ni siquiera ahora puede
reconocer en su hondura que sin Alá no es nada.

En la conquista de España espera ser reconocido,
pero su nombre será olvidado y barrido del libro.

COLLAR MÁS BLANCO DE LA PALOMA GRÁCIL

Me enardece el recuerdo de aquella noche lejana
en que volé como pájaro o como ave de presa,
por el cuello más lindo de la paloma grácil.
No le temí a sus labios que descendían entonces
como las aguas libres del torrente en el monte,
ni a las pequeñas naves que se alejan y acercan,
con las que ella acudía cuando yo le llamaba
al santuario oculto por flores y perfumes.

Me acompañaban palabras con su dulce medida,
valiosas como zéjeles que el imán repartiera,
desligadas de un libro sin final ni principio
al apagarse la llama de una pequeña lámpara.

Me enardece esa noche y a la vez me entristece
cuando repite obstinada que la vida se cumple,
que no vuelve el río a remontar sus aguas
ni brillará mi historia, ni el laúd prodigioso
extenderá sus notas como una capa que envuelve.
Me enaltece y se apaga y a mis espaldas carga
la caza de altanería, la heredad de su nombre
que perdí por los años, el cinturón ligero
y el ciervo en la espesura de la Sierra Morena,
tanta dicha perdida
por los corredores angostos o anchos
pero siempre veloces de la arena del tiempo.
Me enaltece esa noche,
y ahora ya no sé cómo recuperarla,
cómo hacerla otra vez mía
qué poema compondré para la media luna,
para el libro de versos que mi pluma redacta,
que crezca como un sueño y no se disuelva luego.

EL TIEMPO NO RESPETA LAS ETAPAS SANGRIENTAS

Pagará las promesas fingidas que me hiciera
cuando la noche se deslice por un cielo agotado.
Nada escapa a mis ojos, nada a mi vigilia,
la hechura de mi alfanje conoce sus trofeos,
el rigor de los castigos será proporcionado.

Oculto en la cerámica el Genil de mil Nilos,
el Darro en sus crecidas que le escancian el fondo.
Me ha evitado su rostro una vez advertido,
pero la vergüenza es patente en sus voces esquivas.

Yo que estuve esperando, que me mantuve alerta
—pero solo Alá es quién conoce la oscuridad de la vida—
me acerqué a provocar la codicia de Alfonso,
el cese de sus hostilidades con Córdoba,
y le entregué diez mil dinares de oro,
volcado con Toledo, previsto el desenlace.
Yo que confié en la nobleza que irradiaban sus ojos,
me pregunto ahora la razón y el señuelo
y ya no sé contestarme, pero la luna es cumplida.

El tiempo rompe en trozos las etapas sangrantes,
bate la espuma y arruina a los malvados.

Preveo su desgracia y en la hora apropiada
subiré las escaleras y me introduciré en su antro
con la pócima secreta que prepara el maestro
para arruinar la paz del que nada sabe.
Estará descansando y se sentirá seguro,
buscará con el sueño la fundación de otro día,
la luz que no acudirá y la cuenta estará saldada.

Y no habrá escuchado antes de mi boca
la mínima queja, el más pálido reproche.

CÓRDOBA CRECERÁ COMO UN ÁRBOL GLORIOSO

Córdoba crecerá como un árbol glorioso
y sus años serán alameda de perlas.
Se inflamarán tus oídos al escuchar su lenguaje
cuando las palomas entreguen su secreto a los reyes.
Tendrá como anillo al gran río de plata,
las torres y alminares como púas del peine.
Inclinados los hombres en la oración de la tarde
revivirán sus pasiones cuando todo esté en tregua.

En este campo propicio levantaré una mezquita
que no detendrá mi tiempo y signará mi victoria.
Será el orgullo de todo el país de Al-Ándalus,
carta del paraíso, envidia de los infieles,
tendrá una piedra sellada y mi nombre transcrito.
Los secretos que empuja el tiempo hacia delante,
los pueblos y los siglos que aún no conocemos,
ensalzarán a Córdoba preservada de penas
y conocerán mi nombre y admirarán mi legado.

Pero temo que alguien llegue a mí y en mi oído
derrame el veneno de una mala profecía
y entonces el silencio venga a llenar mi casa
de un perfume perverso de maldición y de muerte.

LAS LUNAS Y LAS CRUCES DESAFÍAN AL CIELO

Las lunas y las cruces desafían al cielo
y un hedor de sangre persiste en la batalla.
Las cajas de la guerra aturden los oídos,
apagan los lamentos de los que ya cayeron
y resaltan el silencio de los agonizantes.
La juventud se exalta en el combate próximo,
y no sabe que entonces triunfará la muerte,
que en los campos de marte no se respeta nada,
y nada se considera distinto de las furias.

Son bravos los guerreros de la cruz hispana
pero no prevalecen sobre nuestros fieles;
morirán dignamente, pero morirán seguro.
¿Qué destino les aguarda a nuestros enemigos
en su ruta celeste sin puerta al Paraíso?
Incluso mis sueños me presentan a veces,
un futuro temprano de hermandad y respeto,
pero no escucharon al imán, no se interesaron
por sus enseñanzas, ¿qué futuro entonces les espera?
El mundo será nuevo para nuestros pueblos
y ellos habrán malversado su oportunidad y su credo.

En este campo de guerra en el que todo se prueba,
es un extraño síntoma que recuerde el oprobio
como una miniatura que quisiera ocultarse
o como un campo lejano de olivos y derrotas.

No agradan al cronista los fracasos de Córdoba
pero sí engalana su prosa en los triunfos propios.
Pues sabe que esta gran victoria orlará mi frente
y nadie discutirá mi primacía y mi estirpe
y nadie se atreverá a conspirar contra el orden.

LAS MONTURAS CONOCEN LA PLENITUD QUE LES GUÍA

Las monturas conocen la plenitud que les guía
en su despliegue hacia el norte por terrenos nuevos,
por el Yihad en el combate y la prueba, por la doma,
por los amplios paisajes y por los gratos pastos
con que reponen las fuerzas al terminar la jornada.
Quiero contar la dulzura de los caminos de Hispania,
atreverme con versos y con exclamaciones,
¿qué corazón no avanza hacia las propias tierras
en las que el destino ubicó su trayecto en la vida?

He soportado la lluvia que manejaba sus modos
y limpiaba el cabello de los árboles altos,
he conocido un sol como en los pueblos de origen,
he cruzado cien veces las aguas del gran río
y he escuchado risas y pesares de los camaradas.
Oh tierra de Ifriquiya a la que no volveremos,
no se restauran las edades de infancia perdida
pero las oraciones prescritas aun saben decirme
que mi vida es inmensa y que Alá la protege.

MEDINA AZHARA FUE OTRO ALARDE PREMATURO

La nostalgia del desierto es una arqueta sin fondo
que convierte los triunfos en apenas arena.
Depuesta la alegría, se alejan las caravanas
por un lejano horizonte estéril de memoria
y la imagen que tenemos es un califa sentado
rodeado de todos sus dignatarios y fieles,
pero que no controla las vueltas del camino,
las celadas y trampas, los reclamos salvajes.

Los bereberes iniciaron el asedio de Córdoba
y poco tiempo después el de Medina Azahara,
mataron a los soldados, y a los que se ocultaban
en la mezquita pasaron a cuchillo.
Saquearon la ciudad califal, arrancaron los sillares,
derribaron las cúpulas, levantaron calzadas,
se llevaron el mármol, traído a alto coste
desde Cartago o Tunicia.

No queda nada de la villa construida para durar siglos,
almeces y lentiscos y algunos olivares
alegran un perfil que proviene de África.
Apenas aguantó unos años, la que iba a ser testigo
y gloria del islam. Apenas fue un suspiro
la que fue construida con esmero,
con riquezas jamás vistas por el pueblo.

El tiempo es duro y obstinado, marca su andadura.
Mira ahora las ruinas, los restos devastados,
las albercas rellenas de suciedad y de escombros,
la proscripción del agua, la enorme soledad que atraviesa
arcos de herradura pulidos, enjarjados con dovelas,
terrazas convertidas en cenizas y puertas arruinadas.

La ciudad tuvo un gran prestigio en una vida efímera,
muestra lo perecedero de las hazañas humanas,
tantas veces expresado por nosotros los poetas
y por los hombres sensatos de los tiempos que han sido.
Tantas veces contado como ahora os lo cuento
para que aprendáis con provecho la enseñanza repetida.

SOBRE LAS RUINAS DEL ARRABAL ANTIGUO

En el Alcázar de Córdoba, la biblioteca de Al Hakam II
contaba con cuatrocientos mil volúmenes
y disponía de un catálogo detallado
del que yo era responsable.

Que Alá me libere de creer mejores los siglos venideros
o los siglos que pasaron, si todos conservan la memoria
del bendito. Nada reclamaremos de la blanca oferta,
nada mudará ni dará la forma que el amor sostiene
sobre las ruinas del arrabal antiguo.

En la biblioteca de Al Hakam se encontraba el camino,
pero era necesario ser sabio y prudente
para no confundirse.

Pronto se elevarían ciudades sobre los despojos,
lugares seguros en que aventurar nuestros pasos,
cimentados por los héroes que nos precedieron
en la conquista de España,
embellecidos por los halagos de la poesía,
derramada como lluvia de pétalos y rosas.

No permita el profeta, el deleitador de todos,
que se anteponga al Corán
uno solo de los libros que custodio.
De proceder yo así, tan lleno de osadía,
desearía que todas mis bendiciones
dejaran de cumplirse,
yo, el bibliotecario del Alcázar de Córdoba.

LOS EPÍGRAFES QUE FECHAN LAS PAREDES

Tallaré tu nombre con esmero de orfebre
en letras cúficas, indelebles al tiempo,
junto a las inscripciones coránicas, los versículos
finamente labrados por artesanos y maestros.

Estará escondido, pero a la vista de todos,
será valioso porque recordará tu vida,
extramuros, cerca de la puerta que mira a poniente,
protegida del hurto por los sillares de entonces.

Viajeros del futuro que llegáis a Sevilla,
mirad las enseñanzas que ilustran las paredes
y buscad el nombre de mi hermosa paloma
entre las fechas y los hechos que en ellas se proclaman.

LA MAJESTAD ES EL FUEGO QUE CONSUME LOS DÍAS

Extranjeros que recogéis al soldado herido en la batalla,
escuchad mi palabra y atendedla:
El hombre caído es la oscuridad de la noche
en la que además el cielo está cubierto de nubes.
La palabra que pronuncia es dubitativa,
os suplica misericordia, como yo os la pido ahora,
pues es conciencia de mi conciencia, reflejo del profeta,
fiebre que formula este estribillo ajado.
Es interlocutora de sombras, pero porta claridades,
pues ha deambulado por todos los *wadies* de África,
ha padecido sed en el desierto y no ha perdido el rumbo.
Bendijo la memoria de quien le dio la vida,
se mantuvo despierto y conforme tras la derrota.

Así que soldados que os acercáis al hermano derribado,
llevadle en angarillas hasta vuestra barbacana,
y allí curadle las heridas y sometedlo a los médicos,
y decidle que Alá es grande, os lo suplico,
que aún no tiene ojos para verle ni oídos para escucharle,
pero que su nombre está custodiado en el centro del Nombre,
pues el Nombre todo lo penetra y lo sostiene.

Decídselo porque es mi hijo el caído en el combate
y así aplacareis la aguda serpiente de la angustia
que repta por mis entrañas y me roba la calma.

REPETIRÁ EL ENEMIGO LOS SURAS DEL PROFETA

Los linajes muladíes recitarán los suras
del principio hasta el fin,
de la mañana a la noche.

Los ángeles no ingresan en los hogares
que contienen imágenes.
Por eso no dejes en tu casa ninguna sin borrarla.

Los hombres manumitidos no deben hermanarse,
se llenarán sus ojos de cadenas de flores,
encontrarán la alberca rebosante.

En los hedices se prescribe el arrepentimiento.
Al rezar, oriéntate a la Meca,
desata las correas de los tobillos.

La mutilación de los eunucos
les autoriza a circular libremente
por el gineceo real.

Contemplan a las mujeres regando los patios,
cuidan los tiestos de las flores,
la canela y el alcanfor que trajeron las naves.

Los hermanos conversos recitarán los suras
desde el oriente al occidente,
desde la mañana a la noche.

CON EL NOMBRE DE ABDERRAMÁN, EL SEGUNDO ASÍ LLAMADO

No hemos encontrado sus restos,
ni podemos recuperar su efigie comendadora
o algo que refleje el esplendor de su emirato.
En la cuenta de los hombres fue un largo reinado,
pero acaso solo parpadeo en la figura del tiempo
bajo la única mirada de Alá, que lo abarca todo.

Está la gran mezquita con sus huellas delebles,
por él ampliada, embellecida por él,
prolongada en once naves, crecida
durante los treinta años solares de Abderramán,
el segundo así llamado, el gran hijo de Al Haquem,
pináculo sólido de los poderosos.

Sí, está la gran mezquita, ya sabemos.

Por el lado de los patios hay dinteles adovelados,
la puerta de los Deanes emplazada en el muro,
el recinto de la oración de cada viernes
suplantado por los seguidores de la cruz
que impusieron más tarde sus propias condiciones.
Está asimismo la ciudad del gran río
cuando joyas, libros y tejidos preciosos
llegaban hasta ella por los alminares destacados,
la enriquecían y parecían hacerla inmune a la desgracia.

Ni siquiera podemos ya reconocer su manera,
amiga de artistas, filósofos y poetas
lo que estaba unido y lo disperso, todo lo que gravita
sobre Al Ándalus, lo convocado
y lo que se impone, lo separado y lo junto,
aquello que se ilumina y lo oscuro en que reparamos a veces

cuando meditamos, cuando nos detenemos
pues ni los libros ni los antiguos códices,
ni las cajas guerreras, ni aún los fastos de la historia
saben bien decirnos lo que siempre esperamos,
la palabra definitiva que nos mantenga unidos.

AL FRENTE DE LOS EJÉRCITOS OMEYAS

Atraviesa el río Guadalén
y entra triunfante en la cora de Elvira.
Contempla las tierras que se le rindieron,
deja guarniciones en la alcazaba.
Le acompañan tropas de élite
y levas andaluzas llamadas a las armas,
obligadas para asegurar la recluta.

Abderramán III, Príncipe de los creyentes,
al frente de los ejércitos omeyas
en Andalucía oriental...

Desde otras alturas, convertido en Califa,
dominará a la masa del pueblo,
preservará la integridad de la ley
bajo el molde preciso
de la interpretación malikí.

El palacio de Medina Azahara,
la España califal,
la enemistad latente entre Bagdad y Córdoba.

CINCO ALMUDES DE TRIGO PARA EL PAN DE CADA DÍA

Doy por perdidos los años en que no anduve
junto al vergel de tu tierra, España,
pues fuiste el umbral de mi paraíso, campo de adoración,
columna que mantuvo erguida mi juventud.
Doy por malgastados los años en que mis pies
no anduvieron por las arenas de tus playas,
en que no me bañé en las aguas de los ríos
ni probé el abanico de las hojas del bosque,
tierra de la que fuimos a un tiempo,
rehenes y monarcas, cautivos y amadores.

No sé lo que hago fuera de tus brazos, Al-Ándalus
mientras miro las nubes que se crean
y se deshacen en el firmamento
y pienso que son como nuestras vidas,
los destinos que aún se conforman, los rasgos
de la escritura misteriosa que conduce nuestra estirpe
para crearse y deshacerse.

Edificaré con yeso, labraré la piedra,
serraré maderas y si es preciso moleré a brazo cada día
cinco almudes de trigo para volver a tu lado,
y darte el alimento, el pan que te mereces.
Plantaré un mihrab que muestre la dirección de la Meca
para orientar mis plegarias cuando esté a tu lado
y el alma y el cuerpo ya se correspondan
y se aligere el fardo de los apetitos,
para que cuerpo y alma otra vez como entonces
puedan elevarse hacia el mundo supremo.

Pero será contigo, tierra y muro de España,
habrá llegado el momento de tejer el regreso,

la salvaje abundancia que percibieron mis ojos
tras el somero regato, en las entrañas del huerto,
oh tierra de los infieles, patria de los conversos.

Cartas recuperadas

Una carta intocable que no puedes ni debes contestar
porque es mejor dejar así las cosas
bellísimas y puras y escondidas.
Francisco García Marquina

PUEDES MIRAR A DONDE QUIERAS

Puedes mirar a donde quieras

La brisa que roza las aguas de la superficie,
el saludo que intercambias en la plaza,
la moción que presentarás mañana en la asamblea.

Mirar a donde quieras

El tallo que crece en silencio en los jardines,
el agua subterránea que apenas intuyes,
la oración, el mantra que te posee en lo más dentro.

Donde quieras

Lo profundo, lo interior, el centro.

CARTA SUPLICADA

En el *Imperial War Museum* de Londres,
en una de las salas correspondiente
a la segunda guerra mundial,
frente a granadas y otros materiales bélicos,
se muestran dos objetos personales
recuperados del uniforme de un joven soldado
caído en combate junto a otros compañeros.

El primero es una carta dirigida a sus padres
donde les anuncia que se encuentra bien
y espera verlos pronto.
El otro es un evangelio de San Juan
de tapas rojas y formato pequeño.

La carta no llegó a ser puesta en el correo
y el evangelio no fue abierto aquella noche,
pero estos dos documentos
no pueden soslayarse, minimizarse, abandonarse,
pues nos impulsan hacia una vida perdurable
en la que los padres
puedan recibir al final la carta de su hijo.

CUANDO BAJABA POR LOS SENDEROS

Cuando bajaba por los senderos del monte,
despreocupado, cruzando los regatos
de una pequeña zancada,
llegó hasta mí el sonido de las campanas del pueblo.

Respiré hondamente,
contemplé los edificios en miniatura
y me sentí pleno y feliz
hasta entrar en casa.

Por desgracia, las campanas tocaban a difunto,
y creí saber en seguida quién había fallecido.

EN UNA CASA DEL PUEBLO

Tras la pérdida del Reino Latino,
los peregrinos que se arriesgaban
se refieren a una pobre aldea
poblada por musulmanes
y pequeños grupos de monjes.

Recuerdan la gruta que formaba parte
de una casa del pueblo,
habitada desde el comienzo de nuestra era,
según muestran los silos excavados
en la colina.

Así lo relata Miguel Piccirillo,
franciscano del estudio bíblico.

Sobre los revoques de la piedra labrada,
los arqueólogos encontraron
el Ave María escrita en griego.

Nazaret de Galilea,
lugar santo de la Virgen,
el nombre vinculado a Jesús,
el letrero que mando colocar Pilatos
sobre la madera del crucificado.

CARTA DE RECOMENDACIÓN

Ella me concedió una entrevista
por la que yo optaba a un puesto de trabajo.
Me preguntaba de diverso modo
pero yo me había preparado
y sabía contestar adecuadamente.

Nos atendía un camarero pálido,
de aspecto resignado y algo mayor
que trajo los cafés y luego la cuenta.
Ella ni siquiera le miró una vez
y entonces yo empecé a desdeñar
cada una de las ofertas que me hacía.

EN EL PAÍS DE HUS

Un espacio de aventura fue mi vida,
no fui capaz de construir
ni pude echar raíces persistentes.
Pasé de una ciudad a otra,
de un país a otro,
en barcos y en caravanas que me admitieron.
Me apresaron los piratas
y llegué a ser un corsario enemigo
en los brazos de una reina.

Al cabo, nada me echo en cara,
el hilo de la memoria me sostiene
y permite recuperar al fin un legado,
las etapas de mi largo viaje.

La historia es cruenta como una sola batalla,
y yo, para perder el miedo a la soledad,
me puse a correr delante de ella,
no consentí que me alcanzara.

Durante la gran epidemia,
estuve confinado en la ciudad de Hus,
entre las tierras de Idumea y de Arabia.

Había allí un hombre
que lo había perdido todo,
por alimento tenía sus sollozos
y los gemidos se le escapaban como agua.
Su vida era un perfume derramado.

Pero cuando fui a visitarle le encontré sereno,
una experiencia le había trasformado:
yo le conocía solo de oídas, me dijo,
pero ahora le han visto mis propios ojos.

CARTA DESDE EL FUTURO

Cuando pueda al fin verme desde el otro lugar,
quizá desde el paraíso, no sé,
o desde un lugar de tránsito hacia el paraíso,
y contemple toda mi historia como un expediente cerrado
que los abogados archivan con precisión en su código
pues saben que ya no es posible alterar nada,
ni modificar una frase o restablecer un hecho;
cuando pueda así verme, en fin,
mudo como un ciprés que dialoga consigo,
no sé qué pensaré diferente de ahora,
no sé lo que diré o podré decir,
pero estoy seguro de que sentiré dolor,
la frustración por el bien que no supe hacer,
el lamento por mi falta de audacia para haber sido radical
en las pocas cosas grandes que merecían la pena
y que se resumen en una sola:
el amor concreto, misterioso y diverso
hacia el prójimo necesitado,
aquel hombre que se presentó ante mí en su momento,
con una forma concreta,
diversa y misteriosa.

LA JAULA

Desde el centro de la conciencia
—si pudiéramos llamarlo así—
brota una luz que permanece apagada.
El Reino está dentro de nosotros,
el agua del perfume llega como el océano
a las limitadas costas que albergamos
y llega a los cabos inmóviles de rocas
que quieren despertar.

¿Dónde está, dónde, ese centro,
el inmortal espacio
que todo hombre cobija?

En su lecho de muerte,
en el siglo XII de la era cristiana,
el maestro Abú Al-Gazzalí
escribió en un papel su último poema,
y lo depositó bajo la almohada:
soy un pájaro, decía,
este cuerpo era mi jaula,
pero me he ido volando,
dejándola como un signo.

CARTA ABIERTA

A Blanca Pérez Medina

Como un barco que se aleja lentamente del puerto,
así mi pensamiento lentamente me lleva
con una pequeña pavesa encendida
en la habitación cerrada,
un fanal que se apaga y me deja el descanso,
una luz que no es mía pero que yo sostengo.

Yo que aprendí a degustar las palabras
y supe despertarlas y conocer los signos que ofrecían,
yo que las escuché en lenguas extranjeras
y me esforcé en interpretar la construcción de sus símbolos,
me miré en su espejo, atendí su propuesta,
incorporé su aceite a mi alcuza y ahora puedo
adecuadamente atravesar la meta.

En el silencio, cada paso es llegada,
cada paso es un nombre que se incorpora a tu esencia,
una laguna quieta, un reflejo lunar en las aguas tranquilas,
la intersección de tu tiempo con el tiempo de todos,
por encima de la dote del corazón maltrecho.

Ruego recuperar la luz, la ínfima luz de soledad en cada paso,
una luz que consideré que nunca me faltaría,
una luz que denominé eterna.

Y cuando la mente, ya tranquila y calmada,
reconozca sus errores y los daños causados,
reparará una y otra vez males y culpas,
fisuras y perjuicios hacia los hombres de la tierra,
desde otro lado del tiempo, en la región que espera.

Esa región ignota que en lo profundo se intuye,
ese país por conocer ante el que la razón vacila.

Escuchad, escuchad vuestros pasos, deteneos,
pues en el silencio cada paso es la meta,
y apenas podréis comprender las flores celestes,
las flores cultivadas que ya se os advirtieron.

LAS CARTAS PENDIENTES

Estoy atrapado por estas líneas
que escribo y no puedo corregir,
ya sé que la rosa es como es
desde el principio
pero nuestros poemas deben trabajarse
hasta alcanzar al menos
la belleza de un único verso.

Leo a mis maestros y siento gratitud,
escucho sus palabras hasta hacerlas mías,
una vez y otra las proclamo
aterido por una fiebre desconocida,
la fiebre del dolor y de la belleza
que me cautivan como hombre.

La rosa es como es
y un día alguien se encontrará con mi escrito.
Espero que lo lea con atención,
que no diga: he aquí uno más,
que sienta un fulgor que no esperaba,
quizá la misma rosa florecida,
quizá sus espinas en los dedos.

Ah, la afición a los altos romances,
a las palabras que laceran el corazón
y rinden a sus heraldos con espigas y gramas,
cisnes mudos de incredulidad,
inocentes de cualquier culpa,
soñadores como yo y no hombres de acción.

Temo a las cartas que no se escribieron
y quedaron pendientes y ya sin sentido
como seres incompletos que no se comunican

cuando debieran haberlo hecho.
Temo a los conjuros que detuvieron el tiempo
y el tiempo pasó con su palabra valiosa
herida en la garganta como el trino de un pájaro.

Soy el prisionero de estas mismas líneas,
como barrotes de una cárcel
que no me dejan el mínimo resquicio
para corregir, para enmendarme,
antes de que se haga tarde y haya olvidado
las explicaciones debidas
que ahora me parecen apropiadas
y que guardé para vosotros,
mis amigos de siempre, mis amigos.

ÍNDICE

Ediciones Vitruvio

Colección Baños del Carmen

Últimos libros publicados:

Las flores del mal, de Charles
Baudelaire

En mi cuaderno de viaje, de
Carmen Maga

Declaración jurada, de Manuel E.
Castillo

Siempre Domingo, de Pascual
García

Escribir Silencio, de José A.
Alfonso

Ciento cincuenta voltios, de David
Alberti

Que nada se olvide, de Álvaro
Fierro Clavero

Ayer es mañana, de José Elgarresta

Y ahora sorpréndeme, José Ramón
Silva

Playa sin mar, de Eduardo Crespo

El mar mientras duerme, de
Santiago Gómez Valverde

Madame Podeva, de Natalia Ruiz-
Poveda

El hombre que alimentaba su alma,
de Sergio Macías

A la tarde, de María Paz Otero

La ingravidez que somos, de
Antonio Ríos

La ilusión del indulto, de David
Minayo

El vigor, de Leonardo David
Segado

Balcones azules, de varios autores

Música Rusa, de William
Jonhsnton

El lenguaje del número, de Juan
Pedro Carrasco
Doce voces, una voz, de Jaume
Mesquida

Memoria del frío, de Ricardo Ruiz

Acceso a la vida, de María José
Pérez Grange